KB182564

이 피리를 불면 적병이 물러가고 병이 나으며

가뭄에는 비가 오고 장마가 개며

바람이 잦아지고 물결은 평온해졌다.

— 〈삼국유사〉권2 기이2 中

글 **남이담**

어린이들을 위한 학습 만화와 학습 동화를 써 왔습니다. 지금은 역사 속 사건과 인물들의 이야기를 쉽고 재미있게 알려 주기 위해 노력하고 있습니다. 대표작으로는 〈설민석의 그리스 로마 신화 대모험〉, 〈고층 건물에서 살아남기〉, 〈제주에서 보물찾기〉, 〈설민석의 고사성어 대격돌〉이 있습니다.

그림 **정현희**

어린이들이 재미있게 책을 읽었으면 하는 바람으로 학습 만화를 그리고 있습니다. 때론 진지하고, 때론 익살스러운 만화 속 캐릭터들을 통해 어린이 여러분들과 함께 공부하고, 함께 마음을 나누고 있습니다. 그동안 그림을 그린 책으로는 〈설민석의 한국사 대모험 퀴즈쇼〉, 〈자신만만 한국사왕〉, 〈WHO 시리즈〉, 〈아 다르고 어 다른 우리말〉, 〈스마트 걸〉 등이 있습니다.

설민석의 한국사 대모험

대모험 ㉛

만파식적 편
신비한 피리

Dankkumi

설민석의 한국사 대모험을 시작하며…

안녕하세요?

지난 20여 년간 역사를 공부하고 전달해 온 설민석입니다.

2017년 〈설민석의 한국사 대모험〉이 처음 출간된 이래로, 대한민국 미래를 이끌어 갈 어린이들에게 우리 역사를 제대로 알리고자 힘껏 달려왔습니다. 그동안 보내 주신 뜨거운 관심과 응원 덕분에 지금까지 이러한 노력이 이어지고 있습니다.

역사는 왜 알아야 할까요? 아주 오래 전에 살았던 인물들, 일어난 사건들, 일부러 찾지 않으면 볼 일이 없는 문화유산들은 나와는 아무 상관없는 과거의 이야기일 뿐일까요? 저는 그렇게 생각하지 않습니다. 우리 선조들은 역사 속에서 우리에게 도움이 되는 많은 메시지를 전하고 있기 때문입니다. 선조들이 걸어온 길을 되짚어 보면서 우리에게 필요한 지혜와 교훈을 발견할 수 있습니다. 그 순간, 역사는 지나간 과거의 일이 아니라 현재를 사는 나에게 지침이 되는 소중한 선물로 다가옵니다.

그런 선물 같은 순간을 드리기 위해 〈설민석의 한국사 대모험〉이 시작되었습니다. 이 책은 어쩌면 어린이들이 처음 접하는 한국사 책일 것입니다. 한국사에 대한 첫인상이 이 책으로 결정될 수도 있는 것이지요. 그렇기 때문에 최대한 쉽고, 재미있고, 유익하게 만들었습니다. 이 책으로 인해 한국사가 이렇게 재미있다는 것을 느끼기만 해도, 우리가 함께하는 한국사 대모험은 성공입니다.

어린이 독자 여러분, 그리고 학부모님!
이제 저와 함께하는 한국사 시간 여행에 편하게 몸을 맡겨 보세요.
우리들의 친구 평강, 온달, 그리고 귀여운 강아지 로빈까지!
같이 시간의 문을 열고 과거로 날아가, 찬란한 역사 속에 선조들이 남긴 지혜의 발자취를 따라가 봅시다.

이 피리를 불면 적병이 물러가고 병이 나으며 가뭄에는 비가 오고 장마가 개며 바람이 잦아지고 물결은 평온해졌다.

– 〈삼국유사〉권2 기이2 中

설쌤과 한국사 대모험 즐기기

① '시간의 문'을 열고 한국사 대모험 속으로 빠져들어요!

온달을 역사 천재로 만들기
위해 시간의 문을 열고
한국사 여행을 하는 설쌤 일행!
시간 여행을 통해 한국사의
주요 장면을 직접 겪는 듯
생생하게 즐길 수 있습니다.

② '설민석 선생님의 한국사 더보기'로 한국사 지식을 쌓아요!

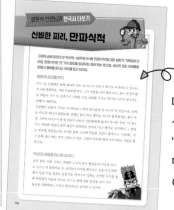

대한민국 1등 한국사 선생님,
설민석 선생님과 함께하는
'설민석 선생님의 한국사 더보기'!
만화를 보며 궁금했던
이야기들을 가득 담았습니다.

신나는
한국사 대모험을
함께 떠나요!

3 다양한 배경지식으로 한국사의 깊이를 느껴요!

'온달과 평강의 한국사 Q&A',
'로빈이와 함께 보는 우리
문화유산' 등 만화 속 주제와
관련 있는 다양한 한국사
이야기를 재미있게 풀었습니다.
부록을 통해 재미있고
유익한 한국사 지식을 함께
나눠 보아요!

4 한국사 핵심 20문제를 풀며 실력을 확인해요!

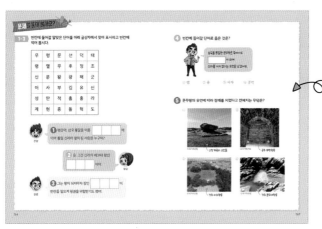

학습 내용을 확인하는
기본 문제는 물론 한국사능력
검정시험을 미리 체험할 수
있는 문제를 통해, 응용 능력과
해결 능력을 키우고 시험에
도전해 보세요!

평강

역사 여행을 통해 한층
더 성숙해진 고구려의
공주입니다. 온달을 향한
애정도, 한국사에 대한
관심도 많지만 급한 성격
때문에 가끔 소동을
일으키기도 해요.

설쌤

고구려의 태학 박사로 한국사에 대한 애정이
누구보다 뜨거워요. 거듭되는 시간 여행을 통해
성장하는 온달을 보며 뿌듯해하지만,
늘 설쌤 앞에는 또 다른 과제들이 쌓여 갑니다.

로빈

애교 많고 귀여운 성격의 강아지예요.
설쌤과 평강, 온달을 위해서라면
위기의 순간에서도
뛰어난 기지를 발휘하지요.
로빈에게 감춰진 또 다른 능력은
과연 무엇일까요?

온달

따뜻한 마음에 밝고 명랑한 성격을 가졌어요.
한글을 누가 창제했는지도 모르던
역사 바보였지만, 설쌤, 평강과 함께
역사 여행을 다니며 누구보다
역사를 사랑하는 어린이이자 의젓한 부마로
성장하고 있답니다.

신문왕

신라의 제31대 왕이에요.
아버지 문무왕 대에 이룩한
통일 신라를 물려받았지만, 안팎으로
혼란한 신라의 상황 때문에
두려움을 느껴요. 신문왕이 어떻게
어려움을 이겨 내는지 지켜볼까요?

차례

마법 분필의 시작

너도 이제 고향으로 돌아가는구나.

대성인 내가 가는 길에 잘 데려다주마.

그나저나 지니는 인사하러도 안 오려나….

그럴 수도 있지.

아니요, 그럴 수 없어요! 제가 드린 마지막 소원으로 설쌤이 지니를 풀어 주셨는데! 어떻게 작별 인사 한마디 없이 사라질 수 있냐고요?!

맞아요!

나도 어서 고구려로 돌아가 그리운 사람들을 만나고 싶구나.

대성이도 없으니 너무 외롭군.

설쌤~

이제 누가 날 부르는 것 같은 환청도 들려…!

엥? 이 소리는 진짜 같은데?

설쌤!

여기예요!

아니, 넌!

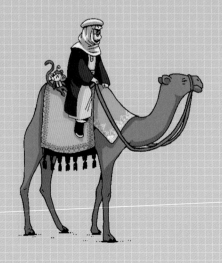

1화

지니의 등장

갑자기 요동치는 역사 터널 속에서
홀로 휩쓸린 온달!
다행히 궁궐 근처 숲에서 발견되는데요.
알고 보니 마법 분필에 금이 가
신비한 기운이 새어 나가고 있었습니다.
과연 설쌤은 이 문제를
어떻게 해결할까요?

생각해 보아요

- 김흠돌의 난에 대해 알아봅시다.
- 문무대왕릉에 대해 알아봅시다.
- 감은사를 지은 이유를 살펴봅시다.

뭐지?

괜찮아?

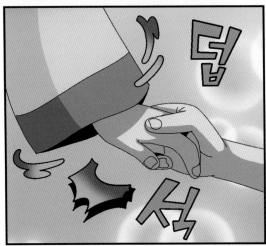

덥

석

평강아….

툭

평강?
그럼 이 아이가
온달?

아, 안 돼. 가지 마…!

내 치킨!

어? 여긴?

온달아, 괜찮아?

온달이 형!

평강아, 너 나랑 숲에 있던 거 아니었어? 여긴 어떻게…?

무슨 소리야? 정신 차려!

그, 그만! 잠깐 안 본 사이에 힘이 더 좋아졌네…?

기억 안 나? 역사 터널에서 너만 다른 곳으로 휩쓸려 갔잖아.

궁궐 근처 숲에 사람이 쓰러져 있다고 신고가 들어와서 다행히 널 발견했어.

네가 잘못되면 어쩌나 얼마나 걱정했다고….

분명 내 옆에 누가 있었어. 난 평강인 줄 알았는데….

갸

웃

누구였을까….

형, 배고프지?

좀 많으려나?

많긴~, 딱 좋아! 나 이제 다 나은 듯?!

아니,
설마?

역시,
그랬어!

근데 설쌤은?

다 삼키고 말해!

형이 괜찮다는 얘길 들으시곤 알아볼 게 있다고 나가셨어.

알아볼 거?

먹는 걸 보니 이제야 마음이 놓이네. 하마터면 결혼도 못 할 뻔했잖아.

미안하지만 결혼을 좀 미뤄야겠다.

설쌤!

설쌤, 그게 무슨 말씀이세요?

보이니?
분필에 금이 가서
신비한 기운이
새고 있어.

그럼 역사 터널이
요동친 것도?

그래, 분필이
힘을 잃어 가고
있는 것 같아.

그럼 아버지께
새것을 달라고 하면
되잖아요.

사실 이 분필은
내가 폐하께
드린 거란다.

네에?!

그럼 태학장님께 분필을
달라고 하면 되죠!

그건 안 돼.
스승님께서도
고구려의 어려운 문제들을
해결하는 데 그 분필을
쓰고 계신단다.

자,
잠깐만요!

분필이
이대로 망가지면,
전 대한민국으로
영영 돌아갈 수
없잖아요!

분필이
완전히 망가지기 전에
꼭 집으로 돌려보내 줄 테니
걱정 말거라.

그럼
엄마 아빠도
못 만나고….

토닥

토닥

안 돼요!

그럼 온달이가 다시 고구려로 못 오잖아요!

드디어 결혼한다고 좋아했는데….

평강아….

으앙~, 너무 슬퍼!

엄마 아빠를 보러 가면 평강이를 못 보고, 평강이랑 살자니 엄마 아빠를 못 보잖아~!

온달아, 가지 말고 고구려에서 나랑 살자~!

저기…, 내 말을 끝까지 좀—

뿌앵~, 그럼 나는 어디에서 살지?

맞다! 우리 그 지니라는 요정한테 마법 분필을 더 달라고 해요, 네?!

아! 그럼 되겠다!

그래서 내가 너희 결혼을 좀 미루자고 한 거야.

1년에 딱 한 번, 지니가 사는 하늘 나라와 우리가 사는 인간 세계가 통하는 날이 있단다.

하늘에 제사를 올리는 동맹 날이군요!

그래. 원래 이번 동맹 때 하늘에 너희의 결혼을 알리고 축복을 받으려 했는데, 대신 다른 소원을 빌어야겠구나.

응? 뭘 알겠어? 다른 소원 뭐요? 지금 나만 못 알아들은 거야?

네, 알겠어요.

아이고, 머리야!

동맹 날, 국동대혈*

*국동대혈 고구려의 수도 동쪽에 있던 큰 동굴로, 매해 10월 동맹 날 이곳에서 하늘에 제사를 드림.

제발…!

제발,
나의 기도가
하늘에 닿길…!

으악!
설쌤, 대체 뭘
비신 거예요?

유므.므

쾅

저길 봐!

왈

샤아악

지니!

그래서 말인데, 혹시 마법 분필을 또 얻을 수 있을까?

그건 힘들 것 같아요.

그 분필은 시간 여행 능력을 가진 '타임 드래곤'의 송곳니로 만들었어요. 그런데 원래도 보기 힘들던 타임 드래곤이 요즘은 더 귀해졌어요.

그때도 수소문해 어렵게 찾았거든요.

이럴 수가! 네가 마지막 희망이었는데….

설쌤, 일단 지금 갖고 있는 분필로 용을 찾으러 가요!

응? 넌 누구니?

안녕하세요? 저는 온달이라고 해요.

우리 역사 속에도 용과 관련된 이야기가 많잖아요. 그중 타임 드래곤이 한 마리는 있겠죠!

맞아요, 이대로 손 놓고 있다가 온달이랑 헤어질 순 없어요!

너희들 말이 맞다. 포기하지 말고 타임 드래곤을 찾으러 가 보자!

솔개, 너도 가려고?

당연하지, 형이랑 누나를 돕는 일이잖아!

마법 분필이 잘 버텨 줘야 할 텐데….

모두 시간 여행을 떠날 준비되셨나요?

지니! 그 복장은?

옛날 생각나시죠?

설쌤, 당분간 제가 도와드릴게요. 어느 시대로 모실까요?

지니, 정말 고맙다.

통일 신라에 죽어서 용이 된 왕이 있단다. 우선 그때로 가 볼까?

좋아요, 출발!

682년, 감은사

이곳이 바로 문무왕이 짓기 시작해 신문왕이 완성한 감은사란다.

와, 양쪽에 돌로 만든 탑 두 개가 웅장하게 서 있어요!

맞아, 저 두 탑은 삼국 통일을 이룬 신라와 문무왕의 기상을 보여 주고 있단다.

다 왔어요, 설쌤. 이거 받으세요. 전 사람들 눈에 띌 것 같으니 이 안에 들어가 있을게요.

지니, 넌 램프에서 풀려났잖아. 그런데 왜 아직도 이걸…?

가끔 잠이 안 올 때 들어가 있으면 아늑해서 잠이 잘 오더라고요.

필요하면 램프를 문질러 절 부르세요!

고맙다, 지니야.

응? 금당* 밑에 구멍이 있네?

*금당 절의 중심이 되는 건물.

히히, 여기 숨어 있다 온달이 형이 지나갈 때 깜짝 놀래 줘야지.

무슨 소리지?

신문왕이 오고 있어요!

여기에 있다가 당나라 첩자로 몰릴라! 일단 몸을 숨기자!

솔개는 또 어딜 간 거야?!

드디어 감은사가 완성되었구나!

용이 된 선왕* 폐하께서 이 구멍으로 들어와 금당 아래 공간에서 머무실 것이오.

그리고 우리 신라를 외적으로부터 지켜 주실 게요.

세상에 용이 어디 있다고….

그러니까 말입니다. 폐하의 정신이 온전하신 건지….

*선왕 앞서 돌아가신 임금.

응? 이게 무슨 소리야?

어디서 나는 소리지?

서, 설마!

용이 진짜 나타났나?!

아버님…? 진정 아버님께서 돌아오신 겁니까?

히히, 놀랐지?!

어…, 어?!
아저씨들은…,
누구세요?

여봐라!

네!

저놈을
당장 잡아라!

사,
살려 주세요!

내 그럴 줄
알았지.

용이라니,
말도 안 되는
소리!

솔개야!

안 돼!

지금은
사람이 많아 위험해.
우선 진정하고 방법을
생각해 보자.

오늘 감은사에서 아버님의 유언을 되살리며 귀족들에게 왕실의 위엄을 세우려 했는데 완전히 실패하고 말았구나.

아버님께서 계실 때는 귀족들이 이렇게 함부로 하지 않았어…

모두 내가 못난 탓이다…!

681년

김흠돌, 나의 장인*인 그대가 어찌 반란을 일으킬 수 있단 말이오!

모두 귀족들을 무시하는 폐하의 잘못 때문이오.

겨우 그런 마음 때문에 나라를 위기에 빠트리려 했다고?!

…저들의 목을 쳐라.

*장인 아내의 아버지를 이르는 말.

47

무열왕, 신라의 29번째 왕

문무왕, 신라의 30번째 왕

48

*능멸하다 업신여기어 깔봄.

설쌤, 그냥 지니한테 솔개를 구해 달라고 하면 안 돼요?

지니는 하늘 일로 바쁜데도 의리를 지키러 온 거야. 우리가 할 수 있는 일은 스스로 해야지.

설쌤, 계획은 있으신 거죠?

그게…, 이제부터 생각해 봐야지.

자,
담을 넘었으니
이제 정말
조심해야 해.

로빈아!
어디 가?!

어?
맛있는 냄새가
난다!

온달인
원래 저렇다고 치고
로빈인 왜 저러죠?

로빈, 너만 혼자
맛있는 거 먹으려고!
같이 가!

로빈이 녀석,
내 뱃속에서 난
꼬르륵 소리가
신경 쓰였나 봐.

와~! 맛있는 게 잔뜩 있어!

식사 시간 다 되어 간다. 다들 서둘러!

온달아, 제발 좀 진정해!

장이 떨어졌네. 가지고 와야지.

앗! 댁들은 누구시오?

아, 저 그게….

어…, 어쩌지?

이제야 정신이 들어?

궁궐에 강아지를 데리고 오다니…, 광대들인가?

마, 맞습니다! 저희는 오늘 저녁 공연을 맡은 광대들입니다.

그런데 여기는 왜 왔소?

아, 그게….

빨리 밥 주세요!

폐하께서 엄청 배고프다고 하셨단 말이에요!

폐하께서 배가 고프시다고? 이런, 이를 어째!

잠깐만
기다려라!

아웅

멈춰!
이 시간에 어딜
가는 거냐!

오늘 폐하 앞에서
공연할 광대들입니다.
이건 폐하께서
드실 음식이고요.

비키세요.
음식이
식는다고요!

어이쿠,
얼른 가거라!
이 길로
쭉 가면 돼!

누가 시킨 짓이냐?

그런 거 아니에요! 전 그냥 온달이 형을 놀래 주려고 한 건데….

솔개야!

응? 너희들은 누구냐?

저희는 폐하께 재미있는 공연을 보여 드리기 위해 온 광대들입니다!

〈한국사 대모험〉 애니메이션
주제가를 함께 즐겨요!

이게 대체 무슨…?!

폐하께 긴히 드릴 말씀이 있습니다.

왕권을 강화시킬 수 있는 좋은 방법이 있습니다.

그, 그게 무슨 헛소리냐!

내 생각을 어떻게…, 너흰 누구냐!

저희가 폐하께서 구상하시는 국학과 9서당 10정에 도움을 드리겠습니다.

일단 조용한 곳으로 자리를 옮기시지요.

…좋다.

모두 돌아가라! 잔치, 아니 심문은 끝났다!

아쉬운데 나가서 마저 더 출까?

좋지!

따라오너라.

네.

너희들은 솔개와 여기에 있거라.

네, 설쌤.

형아~!

에이그, 내가 너 사고 칠 줄 알았다!

설쌤께서는 잘하고 계시겠지?

어디 말해 보거라. 도대체 너는 누구길래 내 머릿속을 꿰뚫어 본 것이냐?

그건 제가 말씀드려도 믿지 못하실 겁니다.

다만 잡혀 있던 솔개를 풀어 주신다면 폐하께 도움을 드리겠습니다.

그 아이를?
…너희는 나를 해치려는 귀족의 부하들이냐?

아닙니다.

그리고…,
만약 저희가 귀족의 끄나풀이었다면 폐하께서는 이미 해를 입으셨을 겁니다.

그 말이 맞다.

그래,
어디 한번 들어 보자.
나를 도울 비책이 무엇이냐?

네,
말씀드리겠습니다.

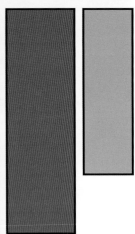

그렇게만 된다면 과연 왕권이 살아날 수 있겠구나!

그럼 저희는 이만….

어허~, 어딜 가느냐!

네?

네가 말한 계획이 제대로 이루어질 때까지는 함께해야지. 그때 그 아이를 풀어 주마.

이거 잘못 걸렸구나! 용은 아직 만나지도 못했는데….

김흠돌의 난을 제압한 신문왕

신문왕은 할아버지 무열왕에 이어 아버지 문무왕 대에 이룬 통일 국가를 물려받았어요. 신라는 꿈에도 그리던 삼국 통일을 이루며 번영할 것만 같았지만, 나라 안으로는 갈등이 깊어지고 있었어요. 당시 신라의 상황을 함께 알아볼까요?

귀족들의 불만이 커져 가다

신라가 삼국 통일을 위해 오랜 전쟁을 치르는 동안 전쟁에서 공을 세운 화랑 출신의 진골 귀족이 많아졌어요. 그리고 이들의 세력이 무척 커졌지요. 무열왕은 전쟁이 끝나고 나라가 안정되면 왕권을 강화해 질서를 바로잡고자 했어요. 문무왕 역시 전쟁을 통해 얻게 된 땅을 자신과 가까운 사람들에게 나누어 주며 왕권을 강화하려고 했어요. 그러자 귀족들은 왕이 자신들을 견제하는 것에 불만을 품게 되었지요.

귀족들이 반란을 일으키다

문무왕이 죽고, 신문왕이 왕위에 오른 뒤 얼마 되지 않아 반란이 일어났어요. 반란을 일으킨 사람은 다름 아닌 신문왕의 장인, 김흠돌이었지요.

김흠돌은 신문왕이 귀족들을 견제하고 왕권을 강화하려는 데 불만을 가졌어요. 그래서 문무왕의 장례를 틈타 반란을 계획했지요. 하지만 이를 알아차린 신문왕이 서둘러 반란을 진압했어요. 신문왕은 반란에 직접 참여한 사람은 물론, 참여하지 않았더라도 계획을 알면서 잠자코 있던 이들까지 모두 처형했어요. 그는 반란을 계기로 왕권을 강화하는 데 방해가 되는 세력을 뿌리 뽑고, 귀족 세력을 억누르고자 관련자들을 엄하게 처벌했던 거예요.

내게 맞서면 어떻게 되는지 귀족들에게 똑똑히 경고한 셈이지!

온달과 평강의 한국사 Q&A

용을 기다리는 신문왕

온달

평강아, 신문왕은 왜 아버지인 문무왕이 용이 되어 나타날 거라고 한 걸까?

그건 문무왕이 남긴 유언 때문이야. 어떤 유언인지 한번 들어 볼래?

평강

문무왕은 자신이 죽은 뒤 시신을 화장하여 동해에 묻으면, 용이 되어 왜구로부터 신라를 지키겠다는 유언을 남겼어. 문무왕이 죽자 신문왕과 신하들은 그의 뜻대로 동해의 큰 바위에 장례를 치렀어. 그래서 다른 신라 왕들의 무덤과는 다르게 동해 바닷속 큰 바위가 문무왕의 무덤이 된 거야.

문무왕은 왜 이런 유언을 남겼을까? 아마 죽어서도 신라를 지키고자 한 마음이 컸기 때문일 거야. 통일을 이루긴 했지만 당나라와 왜구는 여전히 신라에 위협이 되었고, 고구려와 백제 유민들도 완전히 신라와 하나가 되지 않았거든. 문무왕은 이런 불안한 상황에서 아들인 신문왕이 신라를 잘 이끌어 가기를 바랐고, 신문왕도 문무왕의 이런 뜻을 잘 알고 있었지. 그래서 귀족들과 백성들의 마음을 하나로 모으고자 문무왕이 용이 되어 나타나길 기다린 거야.

경주 문무대왕릉 내부　　©국가유산청

63

로빈이와 함께 보는 우리 문화유산

호국 정신이 깃든 감은사지

감은사는 문무왕 때 짓기 시작해 그의 아들인 신문왕이 완성한 절이에요. 지금은 동서로 나란히 한 쌍의 삼층석탑과 건물 터만 남아 있어 '감은사지'라고 불러요.

문무왕은 동해로 쳐들어오는 왜구를 부처의 힘으로 막아 내기 위해 이 절을 짓기 시작했어요. 하지만 안타깝게도 절이 완성되는 것은 보지 못하고 눈을 감았어요. 그 뒤, 신문왕이 아버지 문무왕의 뜻을 이어받아 절을 완성하고, 문무왕의 은혜에 감사한다는 뜻을 담아 '감은사'라고 이름 붙였답니다.

감은사는 정문에 해당하는 '중문', 절의 중심 건물인 '금당', 부처의 가르침을 강의하는 '강당'이 한 줄로 배치되어 있어요. 한편 금당 터를 조사하며 금당 바닥 아래에 빈 공간이 있었다는 사실을 알게 되었는데요. 옛 기록에 따르면 신문왕은 용이 된 문무왕이 금당을 드나들 수 있도록 계단 한쪽에 구멍을 하나 뚫어 놓았다고 해요. 구멍을 통해 들어온 용이 금당 아래에 머무를 수 있도록 공간을 만들었던 건 아닐까요?

경주 감은사지 전경

ⓒ국가유산청

2화

만파식적의 비밀

솔개를 구하기 위해 신문왕을 돕기로 한 설쌤!
그러던 어느 날, 신문왕은 감은사 앞바다에
섬 하나가 떠내려오고 있다는 보고를 받습니다.
섬의 정체를 확인하기 위해 귀족들과 함께
바다로 향한 신문왕!
그들은 그곳에서 용을 목격하게 되는데요.
용은 신문왕에게 대나무를 주며
피리를 만들어 불라고 하는데,
과연 피리의 비밀은 무엇일까요?

생각해 보아요

• 만파식적 설화를 알아봅시다.
• 신문왕에 대해 알아봅시다.
• 감은사지 사리장엄구를 살펴봅시다.

며칠 뒤

두둥 두둥

감은사에
다녀온 지
얼마나 됐다고
오늘 또 가?

쳇

그러니까 말입니다.
그때처럼 또 망신을
당하고 싶으신가?

따 끔

그를
믿어도
되려나….

후유

그때 그는 분명 확신에 가득 차 있었어.

그런데 지금 생각해 보니 전부 황당무계한 이야기 같단 말이지….

으~, 마치 도깨비한테 홀린 것 같구나!

폐하, 괜찮으십니까?

괜찮다. 머리가 조금 아프구나.

혹시 편찮으시면 지금이라도 궁궐로 돌아갈까요?

괜찮대도 그러는구나.

저…, 다들 불만이 많은 것 같아서요….

슬쩍

왕의 행차가 몇몇의 불만 때문에 멈출 정도로 가벼운 것이냐! 어서 가자!

네, 죄송합니다.

그래, 어차피 물러설 곳은 없다. 설쌤을 믿어 보자.

꽉

갑자기 웬 모래바람이…? 하늘도 나를 돕지 않는구나….

저것 좀 보십시오!

저, 저것은 설마…?

유언이 진짜였단 말야?

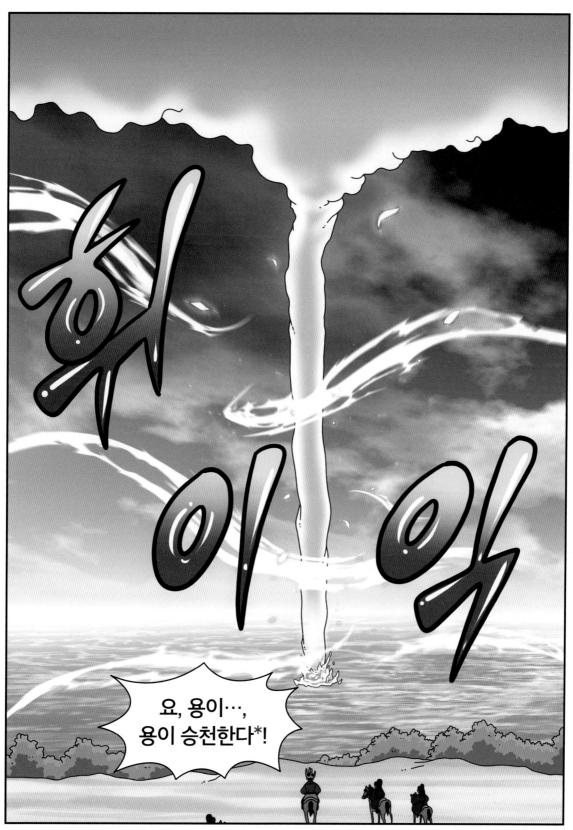

요, 용이…,
용이 승천한다*!

*승천하다 하늘에 오름.

저건 바람이 만들어 내는 자연 현상이야. 마치 용이 하늘로 오르는 모습 같아서 '용오름'이라고 하지.

자연 현상이라고요? 나도 한번 해 볼까? 어때, 나 용 같아?

빙글 빙글

왈 왈

그것 봐. 용처럼 안 보였다니까.

아이고, 어지러워!

이 지역의 날씨와 지형을 관찰했더니 오늘쯤 용오름이 생길 것 같았거든. 그래서 폐하께 말씀드렸지.

그렇소! 저 용이 바로 신라를 지키기 위해 환생한 선왕 폐하이시오!

서…, 선왕 폐하 만세!

문무 대왕님, 만세!

됐다! 이제 솔개를 놓아주시겠지?

왕이라면 자기 힘으로 문제를 해결해야죠. 남한테 의지하면 어떡해요!

옳소!

그게 뭐가 나쁘단 말이냐?

네?

신라를 강한 나라로 만들 수만 있다면…, 다른 이에게 도움을 청하는 것 따윈 하나도 부끄럽지 않다.

진지

….

나라를 생각하는 폐하의 진심이 느껴져.

끄덕 끄덕

설쌤, 한 번만 더 도와드려요. 네?

아, 알겠다….

간절

속닥 속닥

77

*신라의 신분 제도는 왕족인 '성골'과 '진골', 그리고 아래 신분인 6개의 두품으로 나뉨.
 신분에 따라 나아갈 수 있는 관직이 엄격히 정해져 있었음.

78

쯧쯧, 두 분은 어제 감은사에서 일어난 일을 못 봐서 그렇소. 선왕 폐하께서 나타나셨다니까요!

폐하의 뜻에 반대한다면 무서운 일이 벌어질 게요.

단체로 헛것이라도 본 거 아니오?

흥! 국학을 통해 인재를 길러 자기 세력을 키우려고?

흠, 의견이 좀처럼 모이지 않는군.

폐하! 큰일 났습니다!

어허, 무슨 일이길래 이리 호들갑을 떠느냐?

그, 그것이….

지금 감은사 앞바다로 작은 섬 하나가 떠내려오고 있다고 합니다.

뭐? 섬이 떠내려와?

무슨 말도 안 되는 소리!

자자, 다들 진정하시오.

그게 사실이냐?

그렇습니다.

그렇지 않아도 어제 일 때문에 용한 점쟁이를 불렀소. 그에게 무슨 일인지 한번 물어봅시다.

점쟁이를 들라 하라!

오,
왔는가!

아니,
신성한 회의장에
어찌 짐승을
데리고 오느냐!

안녕하십니까,
폐하!

하하, 로빈이는 보통 강아지가 아닙니다.

이 아이가 제가 점치는 걸 도와줄 겁니다.

자, 로빈! 여기에서 마음에 드는 목패 세 개를 골라 보거라.

오호, 그렇구나. 그래!

흥, 뜻도 통하지 않는 한자들이구면.

과연 그럴까요?

흠칫

이 '文(문)' 목패는 선왕 폐하이신 문무왕(文武王)을 뜻하는 것이며,

이 '庾(유)' 목패는 삼국을 통일한 신라 최고의 장수, 김유신(金庾信) 장군님을 뜻하는 것입니다.

그렇다면 이 '보배 보(寶)' 자가 쓰인 목패는 무슨 뜻이냐?

축하드립니다, 폐하. 용이 되신 문무 대왕님과 하늘의 신이 되신 김유신 장군님께서 폐하께 선물을 주신다고 합니다.

선물? 그 선물이 무엇이냐?

폐하, 설마 이 황당한 말을 곧이곧대로 믿으시는 겁니까?!

저는 점괘가 나온 대로 말씀드린 것뿐입니다.

이놈, 어디서 우리를 속이려고!

자자. 그만하시오! 이자의 말이 진짜인지 가짜인지 확인해 보면 될 것 아니오.

모두들 감은사로 갈 준비를 하시오!

엥? 또 감은사야?

이제야 지진이
잦아드는군.
계속 올라갑시다.

폐하, 아무래도
위험한 것 같습니다.
그냥 돌아가시죠.

어허,
선왕 폐하께서
남기신 보물을 두고
갈 순 없소!

자자,
얼른 갑시다.

조심
조심~.

앗, 저길
보시오!

대나무 두 쪽이 서로 붙었다 떨어지기를 반복하고 있소!

아이고, 팔이야! 이거 언제까지 흔들어야 하는 거야?

쉿! 조용히 해. 이러다 들키겠어.

앗, 뜨거워!!

부르르

로빈아, 지금이야!

용이다! 용이 나타났다!

고오오

네가 바로 문무 대왕님의 후손인 신문왕이구나. 신문왕은 명을 받거라.

네, 말씀하십시오.

찍

큼큼! 그 대나무로 피리를 만들어 불면 천하가 평화로워질 것이다!

끄악, 살려 줘!

로빈아! 이제 그만해도 돼. 진정해!

네, 분부대로 따르겠습니다. 감사합니다.

이, 이제 어서 가거라!

휴, 들킬 뻔했네.

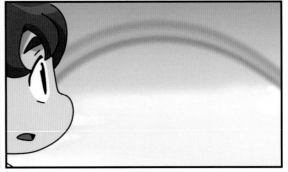

왜 그래?

아, 아냐.
내가 잘못
봤나 봐.

지니,
우리도
돌아가자.

네, 설쌤!

둥실
둥실

흐음,
흥미로운
인간들이군.

좀 더
지켜볼까?

삗
쩍

정말 아름다운
선율입니다,
폐하.

이보다
더 아름다운
소리는 들은 적이
없습니다.

피리의 이름은
정하셨습니까?

그렇소.

세상의 모든 어려움을
없애고 평화를 주는
피리라는 뜻에서
'만파식적'이라 이름 붙이고,
나라의 보물로 삼겠소.

만파식적 만세!
폐하 만세!
신라 만세!

이제 귀족들도
모두 신문왕의
충실한 신하가
되었구나.

정말
다행이에요!

그런데…,
우리 목적은 이게
아니었잖아요.

아뇨! 이건…, 용의 냄새예요.

용 냄새가 난다고? 어디서?

저기 신문왕한테서요. 분명 용과 관련이 있는 사람이에요.

그렇다면 다른 단서가 발견될 때까지 신문왕 곁을 지키고 있어야겠구나.

그러지 말고 그냥 다른 곳으로 가는 게 어때요?

다른 데
가자고 했던 게
누구더라?

하하,
많이 먹거라.

냠 냠
쩝 쩝

여봐라!

형, 누나…,
설쌤!

솔개야!

혀~엉!

너 때문에
이게 다 무슨 고생이냐!
생각할수록 열받네!

악! 형~,
아파!

정말 고맙네.
그대들이 신라를
구했어.

과찬이십니다,
폐하.

귀족들 사이에
선왕 폐하께서 용이 되어
이 나라와 왕실을
지키고 계시단 소문이
돌고 있네.

그러니
이제 그들도
함부로 행동하지
못하겠지.

앞으로는
나 혼자서도
잘해 볼 수 있을
듯하네.

그 말씀은…,
저희가 떠나도 된다는
뜻입니까?

안 돼요. 용의 기운이 더 커지고 있어요. 여기 더 있어야 해요.

큼큼, 정말 감사합니다. 하지만 제 계획은 아직 끝나지 않았습니다.

위로 귀족들을 굴복시켰다면, 이제 아래로부터 나라의 평안을 다져야 할 때입니다.

아래로부터?

나라의 근본은 백성이잖아요!

민심을 잡아야죠!

뭐 드릴까요?

술 한 상 차려 주시오!

그 이야기 들었어요?! 감은사에 용이 나타났대요!

제가 직접 봤잖아요! 엄청 큰 용이었다니까요!

집채만 한 용이 꿈틀거리면서 구름 위로 올라가더니 '임금의 덕이 높으니 신라는 부강한 나라가 될 것이다!'라고 했다니까요!

와, 정말요?!

그래서, 그래서 어떻게 됐나?

자자, 그게 끝이 아닙니다~. 이번에는 커다란 섬이 감은사를 향해 떠내려오는 게 아니겠어요?

그리고 용이 된 문무 대왕님과 하늘의 신이 된 김유신 장군님의 명을 받고 온 용이 나타났죠.

그래서, 그 용이 선물로 뭘 줬다고요?

삘릴리~, 바로 불기만 하면 나라가 평안해지는 보물! 만파식적을 폐하께 드렸죠.

그런 선물을 받으시다니, 우리 임금님께서 성군*이시구나!

앞으로 신라가 더 좋아지겠어!

*성군 어질고 덕이 뛰어난 임금.

만파식적을 불면 어떻게 된다고요?

외적이 물러가고, 전염병이 사라져요!

가뭄에 불면?

비가 와요!

장마에 불면!

날이 개요!

와

와

용에게 보물을 받은 임금님! 신라를 지켜 주세요!

임금님, 만파식적 한 번만 보여 주세요!

신라 만세!

대왕님 만세!

백성들이 폐하를 다들 성군이라 부릅니다.

…그렇구나.

설쌤 일행이 소문을
잘 퍼트려 준 덕분에 다들
만파식적에 신비한 힘이 있다고
믿고 있구나.

하지만
나는 알고 있다.
이 피리에는 아무 힘이
없다는걸.

그래.
결국 피리가 아니라
내가 백성의 소리를
들어주어야 한다. 그것이
왕의 임무이니까!

신비한 피리, **만파식적**

고려의 승려 일연이 쓴 역사책, <삼국유사>에 '만파식적'에 대한 설화가 기록되어 있어요. 만파식적은 '만 가지 파도를 잠재우는 피리'라는 뜻으로, 세상의 모든 어려움을 없애고 평화를 준다는 의미를 담고 있어요.

용에게 피리를 받다

어느 날, 신문왕은 동해 바다에 작은 섬 하나가 감은사 쪽으로 떠내려오고 있다는 보고를 받았어요. 이를 이상하게 여긴 그가 사람을 시켜 점쳐 보니, 용이 된 문무왕과 하늘의 신이 된 김유신이 나라를 지킬 보배를 주려고 한다며 나가서 받으라는 점괘가 나왔지요.

신문왕이 감은사 근처로 가 바라보니 바다 한가운데 섬 하나가 떠 있었어요. 섬에는 대나무 하나가 있었는데, 낮에는 둘이 되고 밤에는 하나로 합쳐졌지요. 왕이 직접 그곳에 다다르자 용 한 마리가 나타나 신문왕에게 대나무 하나를 주며, "이 대나무로 피리를 만들어 불면 세상이 편안해질 것이다."라고 했어요. 신문왕이 그 말대로 피리를 만들었는데, 피리를 불면 신라에 침입한 적군이 물러나고, 가뭄에는 비가 오며, 홍수 때는 비가 그쳤다고 해요. 그래서 피리에 '만파식적'이라는 이름을 붙였지요.

백성의 마음을 하나로 모으다

삼국 통일 이후, 신라는 백제와 고구려 출신 백성들의 마음을 하나로 모으는 데 힘썼어요. 또 귀족들이 나라를 휘두르는 것을 막기 위해 왕의 힘을 키울 필요도 있었지요. 만파식적 설화는 신비한 피리를 통해 백성들의 마음을 하나로 모으고, 왕에 대한 존경을 심어 주어 왕권을 강화하려는 이유로 생겨났다고 짐작할 수 있어요.

신라를 안정시킨 신문왕

평강아, 신라의 신문왕은
어떤 사람이야?

온달

신문왕에 대해 내가 만든
인물 카드로 한번 알아볼까?

평강

역사 인물 카드

신문왕

✿ 신라 문무왕의 첫째 아들로 태어남.

✿ 681년, 신라의 제31대 왕이 됨.

✿ 문무왕의 뜻을 이어받아 감은사를 완성함.

✿ 장인이자 진골 귀족 세력인 김흠돌의 반란을 진압함.

✿ 동해의 용으로부터 받은 대나무로 '만파식적'이라는
피리를 만들어 나라를 평화롭게 했다고 전해짐.

로빈이와 함께 보는 우리 문화유산

석탑에서 발견된 사리장엄구

감은사지에는 한 쌍의 삼층석탑이 동서로 나란히 서 있어요. 불교에서 탑은 원래 부처의 유골인 '사리'를 모신 건축물이었어요. 사리를 탑 안에 넣을 때 담았던 여러 겹의 그릇과 불교 경전, 작은 불상과 탑, 구슬 등을 '사리장엄구', 또는 '사리갖춤'이라고 해요.*

1959년과 1996년에 각각 서쪽 석탑과 동쪽 석탑을 수리하기 위한 해체 작업이 이루어졌어요. 이때 두 탑의 3층 윗부분에서 매우 정교한 사리장엄구가 발견되었어요.

두 사리장엄구의 구성은 매우 비슷한데요. 먼저 사리가 담긴 호리병 모양의 수정 사리병을 그릇에 넣은 다음, 다시 그것을 상자 모양의 함 안에 넣었지요. 두 개의 함 겉면에는 갑옷을 입은 사천왕의 모습이 무척 섬세하게 표현되어 있어요.

동탑과 서탑에서 발견된 두 사리장엄구 모두 장식이 정교하고 화려해 당시의 금속 공예 기술이 매우 뛰어났다는 사실을 알 수 있어요.

*시간이 지나면서 새로 만드는 탑에 부처의 사리를 모두 모실 수 없게 되자 부처의 가르침을 새긴 불교 경전을 넣기도 했어요.

▶ 감은사지 동쪽 삼층석탑에서 나온 사리장엄구

ⓒ국립중앙박물관

ⓒ국립중앙박물관

감은사지 서쪽 삼층석탑에서 나온 사리장엄구

경주 감은사지 동·서 삼층석탑

ⓒ국가유산청　　ⓒ국립중앙박물관

3화

진정한 통일을 이루다!

신문왕은 만파식적을 이용해
귀족들과 백성들의 마음을 얻습니다.
그리고 설쌤 일행의 도움을 받아 왕권을 강화하기 위한
계획들을 하나하나 실행해 나가는데요.
왕권을 강화해 신라를 안정시키고자 했던
신문왕의 정책은 무엇이었을까요?

생각해 보아요

· 국학에 대해 알아봅시다.
· 9서당 10정에 대해 알아봅시다.
· 동궁과 월지를 살펴봅시다.

왜, 왜구다!

크하하! 시작해 볼까?

물건은 훔치고, 남자들은 죽여라!

어서 산으로 숨어!

잡아라!

흐흐흐, 잡았다!

사, 살려 주세요!

뭐야?
갑자기 어떤 놈이
피리를 불어?

잠깐만!
나 이 소문 들은 적
있어.

신라에
신비한 힘이 깃든
피리가 있어서, 그걸 불면
용이 나타나 나라를
지켜 준대.

푸하하! 용?!
그딴 말도 안 되는
헛소리를 믿는 거야?

114

그래, 멀리 갔단다. 네가 고생이 많구나.

이 정도로 뭘요~. 연이 잘 날아 다행이에요.

폐하, 계획대로 됐죠?

그래, 수고했다.

온달아, 연 정리 좀 도와줘.

응? 나도 여태껏 왜구랑 싸우느라 힘들었어. 자기 일은 자기가 끝내야지.

오, 설쌤!

왜구들을 혼내 주셨다는 이야기 들었습니다. 축하드립니다.

꾸벅

이 모든 게 그대 덕분이네.

흐뭇

설쌤, 제가 이렇게 맞고 있는 동안 어디 계셨던 거예요!

약초를 좀 캤지.

지금 전염병이 돌고 있다고 하더군요. 환자들에게 이 약초를 달여 먹이면 효과가 있을 겁니다.

오오, 그게 정말인가?

그런데…, 이번에도 내가 만파식적을 불어야 하나?

네, 그렇습니다. 무슨 문제라도…?

그게…, 백성들을 속이는 기분이 들어서 말일세.

머뭇

아닙니다. 이것은 백성들에게 희망을 주는 일입니다.

희망?

121

줄을 서세요!
한 줄로 서세요!

이쪽으로
오세요.

자,
이 약을 드시면
돼요.

으...,
이거 먹으면
더 아플 거
같은데?

아니에요.
드셔야 해요! 그래야
낫는다니까요!

약 먹고 가세요!

그냥 갈래!

폐하께서 오셨다!

저게 만파식적인가 봐!

오~, 완전 아이돌 같으신데?

만파식적을 불었으니 이제 전염병이 사라질 것이다.

감사합니다!

다만! 사소한 몇 가지를 지켜야 한다.

잘
드시네요.

암~,
우리 임금님께서
약을 꼭 마시라고
하지 않았나.

폐하께서
말씀하신 대로
매일 손발을 씻으니까
환자가 줄고 있어.

그뿐인가?
나는 늘 끓인 물을
마신다고.

이게 바로
만파식적의
효과지!

이제 조금만
더 견디면 다들 다시
건강해질 거야.

과연
설쌤 말이
맞았구나!

124

전염병이 사라지려면 시간이 걸립니다. 하지만 백성들은 쉽게 지치지요. 그럴 때 만파식적이 그들에게 희망이 되어 줄 것입니다.

만파식적이라는 희망이 저들의 힘을 북돋워 주는구나.

폐하! 저희를 살려 주십시오.

척

괜찮다. 무슨 일이냐?

다행히 전염병은 잦아들고 있지만, 가뭄이 계속되고 있습니다. 부디 만파식적으로 비를 내려 주십시오!

간절

당황

아버님! 제 기도가 들리신다면 제발 이들에게 비를 내려 주시옵소서.

솔개야, 어서 가서 설쌤을 모시고 와.

응, 나한테 맡겨!

우린 뭘 하지?

우리도 기도하는 수밖에. 제발 비가 와야 할 텐데….

…비다!

만파식적이
비를 불러왔다!

허허,
비가 내리는구나.
진짜 내려.

정말 비가
오잖아?!

어떻게
이런 일이…!

얘들아!

설쌤!

에이~, 어쩐지! 지니가 비를 내려 준 거죠?

아냐, 우린 지금 막 도착했어.

맞아, 마법을 쓸 시간도 없었다고.

그럼 설마 만파식적이 진짜…?

확실한 건 이 비에서도 용의 기운이 느껴진다는 거예요.

폐하께서 진정한 지도자로 깨어나신 것 같구나.

폐하께서
오십니다!

공부는 잘하고들 있는가?

폐하!

어허, 나는 신경 쓰지 말고 어서 공부들 하거라.

아니, 저희가 어떻게 신경을 안 씁니까….

잠시 쉬죠.

네, 폐하 덕분에 훌륭한 스승님 아래에서 마음껏 공부할 수 있게 되었습니다. 정말 감사드립니다.

학문에서 그치면 안 된다!

네?

이곳에서 배운 학문을 통해 이 나라와 백성을 위해 무엇을 할 수 있을지 고민하거라.

네, 알겠습니다.

그리고 훌륭한 관리가 되어 네가 계획한 바를 펼쳐 나가야 할 것이다. 알겠느냐?

네, 그리하겠습니다!

학생들 사이에 폐하께서 곧 신라를 지키는 용이라는 소문이 퍼졌던데…. 말씀하시는 걸 들어 보니 정말 그런 것 같습니다.

허허, 그런 소문이 돈다고?

백성이 임금을 따르려면 백성을 위하는 관리가 필요하지 않겠나. 그것이 내가 국학을 연 이유일세.

기우제 때 비를 맞으며 깨달았지. 왕권을 강화하기 위해서는 결국 왕을 따르는 백성들이 필요하다는 것을 말일세.

그나저나 우리가 처음 만난 날 기억하는가? 자네가 내게 국학과 9서당 10정 이야기를 했지.

국학은 이제 제법 틀을 갖춘 것 같은데, 9서당과 10정은 어찌 되어 가는가?

그것도 지금 준비가 끝나 갑니다.

처음에 설쌤이 9서당을 가르치라고 하셨을 땐 글공부하는 서당인 줄 알고 내빼더니, 쯧쯧.

저보고 공부를 가르치라고요?

아니, 서당이 그 서당이 아니라….

서당이래서 헷갈렸잖아! 9서당이 왕의 직속 군부대인 줄은 몰랐지.

아무튼 이제 9개의 서당이 수도를 지킬 테니, 귀족들이 반란은 꿈도 못 꿀걸?

그게 말처럼 쉬우면 좋겠는데….

와장창

너 뭐라고 그랬어?

140

여러분, 폐하께서 9서당을 만드신 이유를 잊으셨나요?

그거야 자기를 지킬 병사가 필요하니까….

그런 거라면 편하게 신라인들만 뽑지, 뭐 하러 고구려 유민과 백제 유민, 거기다 말갈 유민들까지 군대에 받아들이셨겠어요?

이제 고구려는….

평강아, 내가 말할게.

…아냐, 괜찮아.

폐하, 축하드립니다.
마침내 국학과 9서당 10정까지
모두 이루셨군요.

오, 설쌤!
고맙네.

그래,
이제 떠나려는
것인가?

와~, 진짜
용이 되셨나 봐요.
이제 마음도
읽으세요?

헉

이제 그럴 때가
되었다고 생각했네….
가지 말라고 해도
듣지 않겠지?

이제
폐하 혼자서도
신라를 잘 다스리실
것입니다.

모두 자네들이
만들어 준 것 아닌가.
여기 이 만파식적부터
말이야.

이거 받게. 자네들 없는 만파식적이 무슨 의미가 있겠나. 이제 만파식적은 신라 백성들의 마음에 묻겠네.

감사합니다, 폐하. 부디 잘 지내십시오.

결국 용은 못 만났네요.

분명히 신문왕한테 용의 기운이 느껴졌는데….

첫술에 배부를 순 없지. 돌아가자.

파

직

잠깐만요!

우리 잠깐 어디 들렀다 가요.

하도 졸라대서
오긴 왔는데,
여긴 왜 오자고
한 거니?

모르겠어요,
그냥 갑자기
와 보고
싶었는데….

아니, 지금이
관광할 때야?!

내가 오라고
한 것이다.

고
오오오

내가 내 아들에게 만파식적을 주어 도우려 했는데, 그대들이 나 대신 잘해 주었더구나.

그, 그러셨군요.

으름 떵

아! 그럼 혹시 기우제 때 비가 온 게…?!

맞다, 내가 비구름을 일으켰지.

그렇게 된 거였구나.

154

허어, 신기하군.
약하긴 해도 모두에게서
타임 드래곤의 기운이 느껴져.
분명 그동안 시간 여행을 하며
만났던 것 같은데?

네?
저희가요?

오오~!
신기해, 신기해!

이건
우리가 신문왕을
만나기 직전의
상황인데?

애초에
음식에 정신이 팔려서
위험하게 만든 게
누구였더라?

기억나요!
이때 제 연기력 덕분에
위기를 벗어났죠.

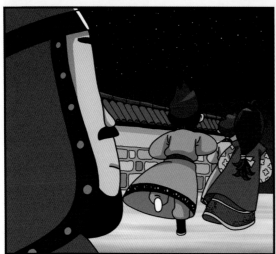

앗, 분필도 없이
시간의 문을
열었어?!

멋지다!
나도 저 기술
배우고 싶어!

분필은 인간이 시간 여행을
하기 위해 필요한 것.
원래 타임 드래곤은 자유롭게
시간 여행을 할 수 있지.

그렇다면
설마
저 병사가?

그래, 내가 바로
타임 드래곤이다.

앗, 타임 드래곤이
우리한테 말을
걸고 있어!

그럼 우리가
당신을 찾고 있었단
사실도 알고 있던
거예요?

대체 왜
우리 주변을 맴도는
겁니까?

뭐,
일단은 구경하는
재미가 있어서라고
해 두지.

그럼 다음에
운이 좋으면 또
만나자고!

잠깐만!
힌트 좀 줘!

형이
타임 드래곤한테
반말해서
그런 거잖아!

아~,
가 버렸어.

이 기나긴
한국사 속, 또 어디에서
타임 드래곤을
만나지…?

흠, 내 예감에는 그리 머지않아 다시 만날 것 같구나.

걱정하지 말거라.

일단 배고프니까 고구려로 돌아가서 밥부터 먹죠?

그래, 돌아가긴 해야지…. 지니, 부탁해.

알겠어요!

앗! 로빈, 어디 가?!

<한국사 대모험> 32권에서 다시 만나요!

설민석 선생님의 한국사 더보기

왕권 강화를 위한 노력

신문왕은 김흠돌의 반란을 진압한 뒤, 강력한 왕권으로 나라를 안정시키고자 했어요. 그가 어떻게 왕권을 강화시켜 나갔는지 함께 알아볼까요?

국학을 통해 왕에게 충성할 인재를 기르다

신문왕은 무엇보다 새로운 인재가 필요하다고 생각했어요. 그래서 오늘날의 국립 대학이라고 할 수 있는 '국학'을 만들었어요. 국학에서는 충성과 효도를 중요하게 여기는 유학을 중점적으로 가르쳤어요. 그래서 이곳에서 공부한 이들은 자연스럽게 왕에게 충성하는 마음을 가지게 됐어요. 특히 국학 출신의 6두품 이하의 학자들이 진골 귀족을 견제하는 세력으로 성장해 왕권 강화에 밑받침이 되어 주었지요.

9주 5소경과 9서당 10정

신문왕은 신라를 효율적으로 다스리고자 행정 구역을 정비했어요. 전국을 9개의 '주'로 나누고, 중앙에서 각 주에 관리를 보내 다스리게 했지요. 또 특별 행정 구역인 5개의 '소경', 즉 '작은 도읍'을 두었어요. 이로써 신라의 수도였던 경주가 한쪽에 치우쳐 있어 생기는 단점을 보완할 수 있었지요.

신문왕은 군사 제도도 손보았어요. 우선 수도를 지키는 중앙군인 '9서당'을 만들었는데, 9서당에는 신라인뿐만 아니라 옛 고구려인과 백제인, 말갈인을 두루 뽑았어요. 각 주에는 지방군 조직인 '정'을 한 개씩 두었어요. 특별히 국경 지대인 '한주'에는 2개의 정을 두어, 전국에 총 10개의 정을 운영했지요.

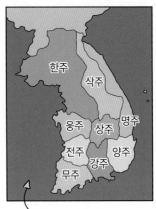

신라의 9개 주

신문왕의 또 다른 노력들

온달

> 평강아, 신문왕이 왕권을 강화하기 위해
> 또 어떤 일을 했는지 알려 줄래?

> 물론이야, 신문왕이 펼친 다른 정책들도
> 함께 알아볼까?

평강

통일만큼이나 통일한 나라를 유지하는 것도 무척 어려운 일이야. 다시 예전으로 돌아가고 싶어 하는 사람도 있을 거고, 문화가 다른 백성들을 융합하는 것도 쉽지 않은 일이거든. 실제로 신문왕 때까지 고구려 유민의 반란이 있었어. 그리고 무엇보다 통일 전쟁에서 공을 세운 진골 귀족의 세력이 너무 커져서 왕권을 위협할 정도였어. 신문왕은 국학을 세우고, 행정 제도와 군사 제도를 정비하는 데서 멈추지 않고 다음 계획들을 실행했지.

우선 관리들에게 주었던 녹읍을 없애고, 대신 관료전을 나누어 주었어. 녹읍은 나랏일을 한 대가로 관리들에게 주는 땅을 말하는데, 귀족들은 녹읍으로 받은 땅에 대한 세금을 거둘 수 있었어. 그뿐 아니라, 그 땅에서 농사짓는 농민들을 마음대로 부릴 수 있었어. 신문왕은 이를 관료전으로 바꾸어 세금만 거둘 수 있게 했어. 이로써 귀족들의 수입은 물론, 백성들에게 미치는 힘이 줄어들었어.

신문왕은 또 왕이 직접 업무를 주관하는 집사부의 기능을 확대시켰어. 자신과 가까운 사람을 집사부의 우두머리인 시중으로 임명했지. 자연스럽게 귀족들의 회의 기구인 화백회의와, 화백회의를 대표하는 상대등의 힘은 약화되었단다.

통일 신라의 정취가 담긴 별궁

동궁과 월지는 문무왕 때 지어진 별궁 터예요. 동궁은 왕자가 머물던 궁이고, 월지는 동궁에 속한 연못이에요. 〈삼국사기〉에는 "문무왕 14년(674년), 궁궐 안에 연못을 파고 산을 만들어 아름다운 꽃과 나무를 심고 진기한 새와 짐승을 길렀다."라며, 연못을 만들던 당시 모습이 기록되어 있지요. 달이 비치는 월지와 어우러진 동궁은 경치가 아름다워, 나라의 경사가 있거나 귀한 손님을 맞을 때 이곳에서 연회가 열리기도 했어요.

신라가 망한 뒤, 이곳은 폐허가 되었어요. 기러기와 오리가 날아들어 '기러기 안(雁)' 자와 '오리 압(鴨)' 자를 써 '안압지'라고 불렸지요. 일제 강점기에는 동궁 터를 지나는 철도가 놓여 더욱 훼손되었고요. 그러다가 1975년에 연못의 물을 다 빼내고 발굴 조사를 거쳐 지금의 모습으로 복원되었어요.

발굴 과정에서 나무배, 금동초심지가위, 금동문고리, 금동판보살좌상 등 신라 왕실과 귀족의 화려한 생활 모습을 엿볼 수 있는 3만여 점의 유물이 나왔지요.

경주 동궁과 월지

©국가유산청

월지에서 나온 '금동문고리'와 '금동초심지가위'

©국립경주박물관

만화를 읽고 나면 문제도 풀려요!

친구들, 서른한 번째
한국사 대모험 어땠나요?
만화로 재미있게
우리 역사를 알아봤으니
이제 가벼운 마음으로
문제를 풀어 보아요.

1-3 빈칸에 들어갈 알맞은 단어를 아래 글상자에서 찾아 표시하고 빈칸에 적어 봅시다.

무	령	문	선	덕	태
령	열	무	후	정	조
신	문	왕	광	해	군
이	사	부	김	유	신
성	만	적	흠	흥	라
계	현	종	돌	혁	도

온달

1 평강아, 삼국 통일을 이룬 [　][　][　]에 이어 통일 신라의 왕이 된 사람은 누구야?

2 응, 그건 신라의 제31대 왕인 [　][　][　]이야.

평강

설쌤

3 그는 왕이 되자마자 장인 [　][　][　]이 반란을 일으켜 왕권을 위협받기도 했어.

4 빈칸에 들어갈 단어로 옳은 것은?

삼국을 통일한 문무왕은 죽어서도

[   ] 이 되어

신라를 지키겠다는 유언을 남겼어요.

① 뱀   ② 용   ③ 사자   ④ 공작

5 문무왕의 유언에 따라 장례를 치렀다고 전해지는 무덤은?

① ©국가유산청   고창 부곡리 고인돌

② ©국가유산청   공주 무령왕릉

③ ©국가유산청   경주 미추왕릉

④ ©국가유산청   경주 문무대왕릉

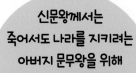한국사능력검정시험 39회 초급 9번 활용

6 (가)에 들어갈 절의 이름으로 옳은 것은?

신문왕께서는 죽어서도 나라를 지키려는 아버지 문무왕을 위해 (가) 를 완성하셨다고요?

그렇습니다. 문무왕의 '은혜에 감사한다'는 뜻을 담아 이 절의 이름을 지었지요.

① 감은사   ② 금산사   ③ 법주사   ④ 불국사

한국사능력검정시험 50회 심화 4번 활용   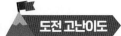도전 고난이도

7 빈칸에 들어갈 알맞은 말을 써 봅시다.

제△△호   # 역사 신문   ○○○○년 ○○월 ○○일

용이 나타나 대나무를 건네다!

신문왕은 "동해 바다에 작은 섬 하나가 감은사 쪽으로 떠내려오고 있다."는 보고를 받았다. 왕이 직접 그 섬에 다다랐을 때, 동해의 용이 나타나 신문왕에게 대나무 하나를 주었다. 그 대나무로 피리를 만들어 불자 적군이 물러가고, 가뭄에는 비가 오며, 홍수 때는 비가 그쳤다. 이 피리를 □□□□ 이라고 부르고 국보로 삼았다.

8 (가)에 들어갈 말로 옳은 것은?

역사 용어 카드

절에 가면 볼 수 있는 건축물이에요.
감은사지에도 동서로 나란히 서 있는
두 개의 [(가)]을 볼 수 있지요.

① 탑　　　② 종　　　③ 왕릉　　　④ 궁궐

9 감은사지의 동쪽 삼층석탑에서 나온 아래 유물에 대한 설명으로 옳은 것은?

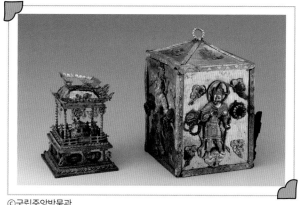

ⓒ국립중앙박물관

① 신문왕의 유골을 담아 보관하였다.

② 백제의 뛰어난 공예 기술을 보여 준다.

③ 부처의 유골에서 나온 사리를 모시는 사리장엄구이다.

④ 감은사지의 서쪽 삼층석탑에서는 아무것도 발견되지 않았다.

10 아래의 장면 바로 다음에 나올 내용으로 옳은 것은?

① 신라가 삼국을 통일했다.

② 문무왕이 죽고 신문왕이 왕이 되었다.

③ 김흠돌이 반란을 일으켰다.

④ 국학을 설치해 인재를 길러 냈다.

11 다음 모집 안내문의 빈칸에 들어갈 말로 옳은 것은?

국학에서 함께 공부할 학생 대모집

• 충과 효를 중시하는 [   ] 경전을 중심으로 수업합니다.

• 졸업 후 신라를 이끌어 갈 인재가 될 것입니다.

• 6두품 귀족의 많은 지원 바랍니다.

① 유교   ② 불교   ③ 이슬람교   ④ 크리스트교

12 (가)~(다)를 일어난 순서대로 바르게 나열한 것은?

(가)	(나)	(다)
신문왕이 왕권을 강화하기 위해 국학을 설치했다.	김흠돌이 반란을 일으켰다가 진압되어 처형을 당했다.	문무왕이 죽고, 신문왕이 새 왕이 되었다.

① (가) – (나) – (다)　　　　② (나) – (가) – (다)

③ (다) – (가) – (나)　　　　④ (다) – (나) – (가)

 한국사능력검정시험 47회 심화 8번 활용　　 도전 고난이도

13 신문왕의 행정 구역 정비에 대한 설명으로 옳지 <u>않은</u> 것은?

① 옛 고구려와 백제 사람들을 신라에서 분리시키고자 하였다.

② 행정 구역을 정비해 국토를 효율적으로 다스리고자 하였다.

③ 5개의 '작은 서울'이라는 뜻의 5소경을 두었다.

④ 전국을 9개의 주로 나누고 중앙에서 관리를 보냈다.

14 다음 역사 주제에 대해 바르게 이해한 것은?

> 오늘 배울 내용
>
> 중앙군인 9서당에 신라인뿐만 아니라
> 옛 고구려인과 백제인, 말갈인을
> 두루 뽑은 까닭은?

① 귀족 세력을 달래기 위해

② 백성들을 융합시키기 위해

③ 지방 군대를 약화시키기 위해

④ 삼국 통일의 기초를 다지기 위해

15 다음 (가), (나)에 들어갈 토지 제도가 바르게 짝지어진 것은?

> **한국사 웹툰 기획안**
>
> # 신문왕, 왕권을 강화하다
>
> 1화 : 진골 귀족 김흠돌의 반란을 진압하다.
> 2화 : 국학을 설치하여 인재를 길러 내다.
> 3화 : 9주를 정비하여 지방 통치 체제를 갖추다.
> 4화 : 관리들에게 ☐(가)☐ 을 지급하고, ☐(나)☐ 을 폐지하다.

① 녹읍, 관료전   ② 관료전, 녹읍

③ 공음전, 관료전   ④ 직전법, 과전법

다음 대화를 읽고 알맞은 단어를 골라 동그라미 해 봅시다.

온달

신문왕은 왕이 직접 업무를 주관하는
16 (집사부, **화백회의**)의 기능을 확대시켰어.

자연스럽게 귀족들의 회의를 대표하는
17 (상대등, 시중)의 힘이 약화되었어.

평강

18 (가)에 들어갈 인물이 한 일로 옳은 것은?

　(가)　은 용을 만나는
신기한 일을 겪었고,
이를 통해 만파식적의 재료가 된
대나무를 얻었다고 합니다.

① 과거제를 실시해 인재를 뽑았다.

② 신라의 독특한 신분 제도인 골품제를 없앴다.

③ 군사 제도를 9서당 10정으로 정비하였다.

④ 귀족들의 반란으로 왕위를 빼앗겼다.

19 (가)에 해당하는 장소로 옳은 것은?

답사 계획서

- **주제** : 통일 신라의 왕실과 귀족 문화를 찾아서
- **기간** : ○○월 ○○일 ~ ○○월 ○○일
- **답사 장소** : 금동초심지가위 등이 출토된
  경상북도 경주시의 [(가)]

①
ⓒ국가유산청 　대릉원

②
ⓒ국가유산청 　감은사지

③
ⓒ국가유산청 　동궁과 월지

④
ⓒ국가유산청 　불국사

20 신문왕은 나라에 어려운 일이 있을 때 만파식적을 불어 이를 잠재웠다고 해요. 신문왕 때 왜 이런 이야기가 생겨났는지 당시 사회 모습을 생각해 보며 써 봅시다.

_____

_____

_____

정답과 해설을 확인해요!

어때요?
문제 푸는 데 어려움은 없었나요?
이제 엄마, 아빠와 같이
정답과 해설을 읽어 보세요.
모두 힘내요!

1 정답 **문무왕**

해설 삼국 통일을 이룩한 왕은 신라의 제30대 왕인 문무왕이에요. 문무왕은 태종 무열왕이 추진한 통일 전쟁을 이어받아 삼국 통일의 꿈을 완수했답니다.

2 정답 **신문왕**

해설 문무왕이 죽자 왕위를 물려받은 사람은 바로 신문왕이에요. 그는 왕권을 강화하고, 나라를 안정시키기 위해 힘썼어요.

3 정답 **김흠돌**

해설 신문왕이 왕이 되고 얼마 안 되어 김흠돌이 반란을 일으켰어요. 신문왕은 반란을 주도한 세력뿐만 아니라 가담했던 사람까지 모두 없앴어요. 이로써 왕권을 강화하기 위한 준비에 들어갈 수 있었지요.

4 정답 ②

해설 문무왕은 죽어서도 동해의 용이 되어 신라를 지키겠다는 유언을 남겼어요.

5 정답 ④

해설 문무왕의 유언에 따라 장례를 치른 곳은 동해 앞바다에 있는 큰 바위였다고 해요. 이곳을 '문무대왕릉'이라고도 하고, '대왕암'이라고도 부르지요.
①은 청동기 시대 지배자의 무덤으로 알려진 고인돌, ②는 백제의 무령왕과 왕비의 무덤인 무령왕릉, ③은 신라 미추왕의 무덤이에요.

6 정답 ①

해설 감은사는 문무왕이 부처의 힘으로 동해로 쳐들어오던 왜구를 막기 위해 짓기 시작한 절이에요. 신문왕이 그 뜻을 이어받아 682년에 완공했지요.

7 정답 **만파식적**

해설 신문왕이 동해의 용에게서 받은 신기한 대나무로 만든 피리를 '만파식적'이라고 해요. 이 피리를 불면 적이 물러가고, 가뭄에는 비가 오며, 홍수 때는 비가 그쳤다는 이야기가 전하지요.

8 정답 ①

해설 탑은 절에 가면 볼 수 있는 건축물로, 감은사지에도 감은사지 동·서 삼층석탑이 나란히 서 있지요.

9 정답 ③

해설 사진은 감은사지의 동쪽 삼층석탑에서 발견된 사리장엄구예요.
① 사리장엄구는 부처의 사리를 보관하는 그릇, 함 등을 말합니다.
② 통일 신라의 뛰어난 공예 기술을 보여 줘요.
④ 감은사지 서쪽 삼층석탑에서도 사리장엄구가 발견되었어요.

10 정답 ④

해설 신문왕은 진골 귀족 세력을 견제할 수 있는 새로운 인재들을 키워야 했어요. 그래서 지금의 국립 대학이라고 할 수 있는 국학을 설치해 충과 효를 중시하는 유교 경전을 배우게 했어요. 국학 출신의 인재들은 왕권 강화에 기여했답니다.

11 정답 ①

해설 국학에는 6두품이 많이 입학해 유교 경전을 익혔어요. 국학을 졸업한 6두품 유학자들은 왕권 강화를 뒷받침하며 진골 귀족을 견제하는 세력으로 성장했어요.

12 정답 ④

해설 신문왕이 왕이 되어 아버지인 문무왕의 장례를 치르는 중에, 장인이었던 김흠돌이 반란을 일으켰어요. 이를 미리 눈치채고 있던 신문왕은 곧바로 반란을 진압하고, 반란에 참여했던 사람들을 철저히 찾아내어 없앴어요. 그 후 국학을 세우는 등 왕권을 강화하기 위한 일들을 펼쳐 나갔어요.

13 정답 ①

해설 신문왕은 행정 구역을 정비해 전국을 9주로 나누고, 5개의 작은 서울인 5소경을 두었어요. 그는 각 지방 세력을 견제하는 한편, 새롭게 신라의 백성이 된 옛 고구려와 백제 사람들을 하나로 아우르기 위해 힘썼어요.

14 정답 ②

해설 군대에 옛 고구려인과 백제인, 말갈인을 두루 포함시킨 이유는 백성을 융합해 하나의 신라를 만들기 위해서였지요.

15 정답 ②

해설 신문왕은 관리들에게 땅에 대해 세금만 거둘 수 있는 관료전을 지급하고, 이전에 지급하던 녹읍을 없앴어요. 녹읍은 세금뿐만 아니라, 그 땅에 딸린 사람들의 노동력까지 끌어 쓸 수 있었어요. 신문왕은 관료전을 지급하고 녹읍을 폐지함으로써 귀족들의 경제적 특권을 없앴답니다.

16 정답 **집사부**

해설 신문왕은 왕권 강화를 위해 왕의 명령을 직접 받아서 여러 가지 나랏일을 처리하는 집사부의 기능을 더욱 확대했어요.

17 정답 **상대등**

해설 신라 때 나라의 중요한 정책을 결정하던 귀족들의 회의 기구는 화백회의예요. 신문왕의 왕권 강화 정책에 따라 화백회의의 기능은 점차 축소되었고, 화백회의의 우두머리인 상대등의 권한도 약화되었답니다.

18 정답 ③

해설 제시된 글 속의 왕은 신문왕이에요. 신문왕은 군사 제도를 9서당 10정으로 정비했어요.

19 정답 ③

해설 금동초심지가위, 금동문고리, 금동판보살좌상 등 통일 신라 왕실과 귀족의 화려한 생활 모습을 엿볼 수 있는 유물이 발굴된 곳은 동궁과 월지예요.

① 대릉원은 신라의 왕, 왕비, 왕족, 귀족층의 것으로 추정되는 대형 고분이 모여 있는 곳, ② 감은사지는 문무왕에 이어 신문왕이 완성한 절인 감은사가 있던 터, ④ 불국사는 통일 신라 때 불교의 나라를 꿈꾸며 지은 절이에요.

20 정답 예시 신문왕은 오랜 전쟁으로 이룬 통일 신라를 강한 나라로 만들고자 했어요. 백성들 역시 오랜 통일 전쟁을 겪으면서 나라가 안정되고 평화가 오길 바랐어요. 이런 소망들이 모여 모든 위험으로부터 신라를 안전하게 지켜 줄 만파식적 이야기가 전해 내려오게 되었어요.

31권의 어린이 작가

전주 지곡초등학교 5학년
은시현 어린이

충격이었던 장면!

내가 만약 이 자리에서 죽는다면, 네놈들 때문에 원나라 공주가 죽었다고 황제에게 말할 수 있겠느냐?

뭐? 너 말 다 했어?

너무 무거워... 고려 올 때의 일에 잘 닿나보구나

웃겼던 장면!

온달♡평강

page.11

page.103

로빈♡

To. 설쌤

설쌤, 안녕하세요? 저는 지곡초 5학년 은시현 이라고 합니다.

저는 옛날에 사촌오빠의 추천으로 이 책을 읽기 시작했어요. 그리고 10권부터 직접 사서 읽기 시작했어요. (1권부터 9권까지는 빌려서 읽었어요.) '설민석의 한국사 대모험' 30권 축하드려요!! 이번 권은 기억에 잘 남은 것 같아요. 공민왕과 노국대장공주의 아름다운 사랑 이야기..! 마치 고려버전 '바보온달과 웅모 평강공주' 이야기 같달까?! 하지만 노국대장공주님께서는 아기를 낳다 돌아가시죠... 예쁜 왕자(공주) 낳고 행복하게 살길 원했는데.. 아쉬워요. 하지만 아쉽고 슬픈 동시에 아름다운 사랑이라는 생각도 들었어요. 제 꿈이 소설작가인데 소설로 적고싶을 정도예요!!

온달, 평강, 설쌤, 로빈, 솔개가 고구려로 가던 중 분필이 닿아서 고구려로 못 갔는데 어디로 떨어졌을까요? 그리고 저는 소현세자에 대해 더 잘 알고싶어요. 다음 권 기대할게요. 그럼 안녕히계세요.

2024. 9.6

-설렘 시현 올림-

시현

동생 시원

한국사 대모험의 이야기는 독자 여러분의 의견을 받아 완성해 나가고 있습니다. 여러분의 작은 의견이 한 권의 책을 풀어내는 소중한 실마리가 될 수도 있다는 점에서, 미래의 어린이 작가님들의 많은 참여 부탁드립니다.

178

시현 어린이, 안녕하세요. 설민석 선생님이에요.

시현 어린이는 편지에 30권에서 멋있었던 장면을 그려 주었어요. 자객을 위협하는 노국대장공주의 모습에서 비장함이 느껴지네요. 정말 멋져요! 또 온달이 평강을 업고 놀리는 장면을 가장 웃겼던 장면으로 꼽았어요. 어떻게 하면 우리 친구들이 더 재미있게 책을 읽을 수 있을까 고민하며 개그 욕심을 냈는데, 우리 시현 어린이와 통했네요! 다른 친구들이 뽑은 〈한국사 대모험〉 30권의 명장면도 궁금해졌어요.

시현 어린이는 소설 작가가 꿈이라고 했는데요. 역사 속에서 소재를 찾아 소설을 써 보는 건 어떨까요? 역사 속에는 정말 무궁무진한 이야기 소재들이 숨어 있거든요. 역사 속 사건이나 인물들의 이야기를 아주 짧게 쓰기 시작해, 점점 더 길게 써 본다면 분명 실력이 늘 거예요. 그리고…, 〈한국사 대모험〉을 계속 재미있게 읽는다면 훌륭한 소설가가 되는 데 분명 큰 도움이 될 거라 확신합니다, 하하하! 시현 어린이의 꿈을 선생님이 항상 응원할게요!

마지막으로 설쌤 일행이 어디로 떨어졌을지 궁금해했는데, 그 궁금증은 이제 해결됐죠? 용의 송곳니를 찾아 떠나는 새로운 모험 이야기도 기대 많이

많이 해 주세요!

그럼 시현 어린이, 항상 건강하고 웃음이 가득한 날들

되길 바라요!

편지 보내 줘서 고마워요!

• **〈한국사 대모험〉의 어린이 작가님을 모십니다!** '설쌤' 앱을 이용해 독자 편지를 보내 주세요!
  아래의 방법으로 편지를 올려 주시면, 설민석 선생님이 직접 선발하여 다음 권에 반영할 예정입니다.

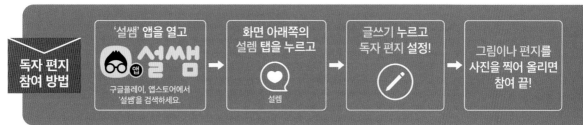

<설민석의 한국사 대모험> 교과 연계표

대단원	소단원	학습 주제	<설민석의 한국사 대모험> 수록 권
5학년 2학기 1. 옛 사람들의 삶과 문화	(1) 나라의 등장과 발전	고조선의 건국과 발전 과정을 알아봅시다	-1권 1화 단군왕검 -4권 3화 청동기 시대
		고구려, 백제, 신라의 성립과 발전 과정을 알아봅시다	-2권 1화 삼국 통일 -4권 4화 철기 시대 -8권 1화 고구려 부마 선발 시험 -11권 1화 태학생 온달 -11권 2화 온달, 화랑과 맞서다 -12권 2화 광개토대왕릉비의 침입자 -15권 1화 신라로 간 비밀 첩자 -15권 2화 천사옥대를 지켜라! -15권 3화 보물을 찾아 백제로 -21권 1화 될성부른 나무
		신라의 통일 과정과 발해의 성립 및 발전 과정을 알아봅시다	-2권 1화 삼국 통일 -6권 1화 김유신 대 계백 -15권 3화 보물을 찾아 백제로 -31권 1화 지니의 등장 -31권 2화 만파식적의 비밀 -31권 3화 진정한 통일을 이루다!
		고구려와 백제의 문화유산을 알아봅시다	-6권 1화 김유신 대 계백 -11권 3화 사냥터로 간 태학생들 -11권 4화 사라진 온달 -15권 3화 보물을 찾아 백제로 -21권 2화 뿌리 깊은 나무 -22권 1화 위기를 기회로
		신라와 가야의 문화유산을 알아봅시다	-3권 1화 하나의 박물관인 경주 -15권 1화 신라로 간 비밀 첩자 -15권 2화 천사옥대를 지켜라! -16권 1화 빼앗긴 왕좌
		불국사와 석굴암의 우수성을 알아봅시다	-3권 2화 불국사와 석굴암
	(2) 독창적 문화를 발전시킨 고려	고려의 건국과 후삼국 통일을 알아봅시다	-18권 1화 새로운 학생 대표 -18권 2화 온달, 궁예를 만나다! -18권 3화 새로운 세상을 향하여 -19권 1화 고려 왕조의 시작, 태조 왕건 -19권 2화 공산 전투 -19권 3화 왕건, 후삼국을 통일하다 -20권 1화 낙타의 눈물
		서희와 강감찬의 활약을 중심으로 거란의 침입과 극복 과정을 알아봅시다	-2권 2화 몽골 침입 -20권 2화 서희, 일어나다 -20권 3화 싸우지 않고 이기는 법 -29권 1화 물로 쓸어버리다 -29권 2화 불로 태워 버리다 -29권 3화 바람으로 날려 버리다
		몽골이 침입했을 때 고려가 한 대응이 무엇인지 알아봅시다	-2권 2화 몽골 침입 -30권 1화 한편이 되어 주기 -30권 2화 서로 지켜 주기 -30권 3화 한 사람만 사랑하기

대단원	소단원	학습 주제	<설민석의 한국사 대모험> 수록 권
5학년 2학기 1. 옛 사람들의 삶과 문화		고려청자에 담긴 우수성과 당시 사람들의 생활 모습을 알아봅시다	
		팔만대장경을 보며 고려의 기술과 문화를 알아봅시다	-2권 2화 몽골 침입
		금속 활자를 살펴보며 고려의 기술과 문화를 알아봅시다	-26권 2화 세상 밖으로!
	(3) 민족 문화를 지켜 나간 조선	조선의 건국 과정을 알아봅시다	-2권 3화 조선 건국 -3권 5화 조선왕조실록 -6권 2화 정도전 대 이방원 -25권 1화 꿈 나와라, 뚝딱! -25권 2화 유배지에서 품은 꿈 -25권 3화 새로운 세상을 열다
		세종 대에 이루어 낸 발전에는 무엇이 있는지 알아봅시다	-1권 2화 세종대왕 -3권 3화 민족의 얼 한글 -12권 3화 온달, 장영실을 만나다 -12권 4화 장영실과 자격루를 지켜라
		유교 질서를 바탕으로 한 사회 모습을 알아봅시다	-1권 3화 신사임당 -7권 1화 유교의 큰 스승, 이황 -7권 2화 조선의 폭군, 연산군 -12권 4화 장영실과 자격루를 지켜라
		임진왜란이 일어난 과정과 이를 극복하기 위한 노력을 살펴봅시다	-1권 4화 이순신 -8권 3화 명량에서 배우는 위기 극복 비법 -13권 1화 건천동 대장 이순신 -14권 1화 조선 최고의 명의를 찾아서
		병자호란이 일어난 과정을 살펴봅시다	-23권 1화 남한산성을 가다 -23권 2화 남한산의 불사신 -23권 3화 너와 나의 암호 -24권 1화 보름달 뜨는 밤 -24권 2화 벼랑 끝의 조선 -24권 3화 전쟁이 끝나고 난 뒤
5학년 2학기 2. 사회의 새로운 변화와 오늘날의 우리	(1) 새로운 사회를 향한 움직임	영조와 정조의 개혁 정책을 알아봅시다	-3권 4화 수원 화성 -5권 1화 조선의 중흥을 이끈 영조 -5권 2화 영조의 구원자, 사도세자 1 -5권 3화 불통은 역적을 낳는다, 사도세자 2 -5권 4화 소통은 성군을 낳는다, 정조대왕
		조선 후기에 사회 문제를 해결하려고 했던 노력을 알아봅시다	-22권 2화 지리의 힘 -22권 3화 대동여지도의 탄생
		서민 문화에 나타난 사람들의 생활 모습을 알아봅시다	-3권 3화 민족의 얼 한글
		흥선 대원군의 정책과 강화도 조약을 살펴보고 조선 후기 사회의 모습을 알아봅시다	-3권 4화 수원 화성 -7권 1화 유교의 큰 스승, 이황 -26권 3화 145년 만의 귀향
		갑신정변에 참여한 사람들의 주장을 알아봅시다	

181

대단원	소단원	학습 주제	<설민석의 한국사 대모험> 수록 권
5학년 2학기 2. 사회의 새로운 변화와 오늘날의 우리	(2) 일제의 침략과 광복을 위한 노력	동학 농민 운동을 살펴보고 당시 사람들의 생각을 알아봅시다	-28권 1화 탐관오리 조병갑 -28권 2화 사발통문 -28권 3화 녹두꽃이 지다
		대한 제국 시기에 자주독립과 근대화를 위해 어떤 노력을 했는지 알아봅시다	-14권 2화 독약의 진실을 밝혀라!
		을사늑약의 과정과 항일 의병의 노력을 알아봅시다	-1권 5화 안중근 -27권 2화 안중근의 등장
		나라를 지키기 위한 안중근의 노력을 알아봅시다	-1권 5화 안중근 -13권 2화 뒤바뀐 역사를 지켜라! -27권 2화 안중근의 등장
		한국인들이 고국을 떠난 까닭을 알아봅시다	-9권 1화 안창호와 대한민국 임시 정부 -9권 2화 청산리 대첩 1 -13권 3화 드디어 밝혀진 X맨의 정체
		3·1 운동을 알아봅시다	-2권 4화 3·1 운동
		나라를 되찾으려는 대한민국 임시 정부의 노력을 알아봅시다	-9권 1화 안창호와 대한민국 임시 정부 -9권 2화 청산리 대첩 1 -9권 3화 청산리 대첩 2 -10권 1화 채소장수 윤봉길 -10권 2화 윤봉길 의거 -10권 3화 임시 정부의 시련 -10권 4화 한국광복군 창설
		나라를 되찾으려는 다양한 노력을 알아봅시다	-7권 3화 베를린 올림픽의 영웅, 손기정 -13권 3화 드디어 밝혀진 X맨의 정체
	(3) 대한민국 정부의 수립과 6·25 전쟁	8·15 광복의 과정을 알아봅시다	-13권 3화 드디어 밝혀진 X맨의 정체
		한반도 분단의 과정을 알아봅시다	-17권 1화 크리스마스의 기적
		대한민국 정부 수립의 의미를 알아봅시다	-10권 1화 채소장수 윤봉길
		6·25 전쟁의 전개 과정과 그 결과를 알아봅시다	-17권 1화 크리스마스의 기적 -17권 2화 오빠의 약속 -17권 3화 돌아온 금산
		6·25 전쟁으로 사람들이 겪은 어려움을 알아봅시다	-17권 1화 크리스마스의 기적 -17권 2화 오빠의 약속 -17권 3화 돌아온 금산

초등학교 5학년
사회 교과서와
함께 보세요!

▶ 누적 조회수 **223만뷰** 돌파!

유튜브 설쌤TV
한국을 만든 101명의 위인들

대한민국 국민이라면 꼭 알아야 할 우리 역사 이야기!
<설민석의 한국사 대모험>과 함께 보세요!

설쌤TV ✓ 구독

한국을 만든
101명의 위인들

용이 준 대나무로
피리를 만들었다고?

국학에서는 무엇을
가르쳤을까?

삼국 통일을
이룬 왕은?

설쌤앱에서도
영상을 볼 수
있어요!

101명의 위인들
재생 목록

시즌 1
몰아 보기

설민석의 한국사 대모험 31

ⓒDankkumi Corp.

1판 1쇄 인쇄 2024년 11월 6일
1판 1쇄 발행 2024년 11월 25일

글 설민석·남이담 | **그림** 정현희 | **감수** 강석화

펴낸이 설민석, 장군 | **사업총괄** 노성규
개발총괄 조성은 | **편집** 한혜민, 성주은, 류지형, 최지은 | **정보 원고** 김양희
디자인 더다츠, 윤나래, 강은정, 김지선, 안혜원 | **영업** 양원석, 박민준, 최연수, 황단비
마케팅 박상곤, 강지성, 박혜인, 방현영 | **제작** 혜윰나래

펴낸곳 단꿈아이
출판등록 2019년 10월 8일 제 2019-000111호
문의 내용문의 dankkum_i@dankkumi.com
　　　구입문의(영업마케팅) 031-623-1145 | Fax 031-602-1277
주소 13487 경기 성남시 분당구 판교로 242(삼평동), C동 701-2호

홈페이지 dankkumi.com | **인스타그램** @seolsamtv | **유튜브** '설쌤TV' 검색

ISBN 979-11-93031-74-2
　　　979-11-91496-19-2 (세트)

·이 책의 저작권은 (주)단꿈아이에 있습니다.
·이 책은 저작권법에 따라 보호받는 저작물이므로 무단전재와 무단복제를 금합니다.
·이 책의 전부 또는 일부를 재사용하려면 반드시 저작권자의 동의를 받아야 합니다.

어린이제품 안전특별법에 의한 기타표시사항
제품명 도서 | **제조자명** ㈜단꿈아이
제조국명 대한민국 | **사용연령** 7세 이상
전화번호 031-623-1145
주소 경기 성남시 분당구 판교로 242, C동 701-2호
KC마크는 이 제품이 공통안전기준에 적합하였음을 의미합니다.